104.

I0099254

Petite
Bibliothèque des Enfants de Dieu.

LE

PETIT ALPHABET.

PARIS,

SOCIÉTÉ DE SAINT-NICOLAS,

RUE DE SÈVRES, 59.

1840.

X

Petite

Bibliothèque des Enfants de Dieu.

LE

PETIT ALPHABET.

BIBLIOTHÈQUE ROYALE

PARIS,

SOCIÉTÉ DE SAINT-NICOLAS,

RUE DE SÈVRES, 59.

1840.

(959)

Lettres Majuscules.

✝ A B C D
E F G H I J
K L M N O
P Q R S T
U V XY Z.

Lettres Minuscules.

a b c d e f

g h i j k l m

n o p q r s t

u v x y z.

Lettres Italiques.

-◦◦()◦◦-

a b c d e f g

h i j k l m n

o p q r s t u

v vv x y z.

—

SYLLABAIRE.

—

a	e	i	o	u
ba	be	bi	bo	bu
ca	ce	ci	co	cu
da	de	di	do	du
fa	fe	fi	fo	fu
ga	ge	gi	go	gu
ja	je	ji	jo	ju
la	le	li	lo	lu
ma	me	mi	mo	mu

na	ne	ni	no	nu
pa	pe	pi	po	pu
qua	que	qui	quo	qu
ra	re	ri	ro	ru
sa	se	si	so	su
ta	te	ti	to	tu
va	ve	vi	vo	vu
xa	xe	xi	xo	xu
za	ze	zi	zo	zu

—

PONCTUATION.

. , ; : ? !

ACCENTS.

Aigu é   Grave à é

Circonflèxe â ê î ô û

CHIFFRES ARABES.

1, 2, 3, 4, 5, 6, 7, 8, 9, 10.

CHIFFRES ROMAINS.

I, II, III, IV, V, VI, VII, VIII,
IX, X, XI, XII.

MOTS D'UNE SEULE SYLLABE.

—

Bon	Beau
Non	Sac
Pain	Vin
Eau	Un
Chat	Rat
Rond	Son
Dent	Veau

MOTS DE DEUX SYLLABES.

An--ge   Ci--el
Cu--ré   Mes-se
Clo--che   Au--tel
Pa--pa   Ma--man
Bon--ne   Cou--sin
Jar--din   Li--vre
Chai--se   Bou--le
Cou-teau   Cor--don
Poi--re   Pom--me
Su--cre   Bon-bon
Chi--en   Che--val

MOTS DE TROIS SYLLABES ET PLUS.

É gli se

É van gi le

Di man che

His toi re

Lec tu re

O bé is sant

Ai ma ble

Con fi tu res

PHRASES A ÉPELER.

—

J'ai-me le bon Di-eu de tout mon cœur.

—

C'est le bon Di-eu qui me con-ser-ve ; c'est à lui que je dois l'e-xis-ten-ce, la nour-ri-tu-re, et tout le bon-heur dont je jou-is.

—

Le bon Di-eu veut que les pe-tits en-fants fas-

sent bi-en leurs priè-res.
Il veut qu'ils o-bé-is-sent
à leurs pa-rents.

———

Di-man-che, j'i-rai à
l'É-gli-se pri-er le bon
Di-eu a-vec pa-pa et a-
vec ma-man.

———

Les pe-tits en-fants
veu-lent tou-jours jou-
er; mais il faut ce-pen-
dant qu'ils s'oc-cu-pent
quel-que-fois à li-re.

COMMANDEMENTS DE DIEU.

1. Un seul Dieu tu adoreras,
   Et aimeras parfaitement.
2. Dieu en vain tu ne jureras,
   Ni autre chose pareillement.
3. Les Dimanches tu garderas,
   En servant Dieu dévotement.
4. Tes père et mère honoreras,
   ' Afin que tu vives longuement.
5. Homicide point ne seras,
   De fait ni volontairement.
6. Luxurieux point ne seras,
   De corps ni de consentement.
7. Le bien d'autrui tu ne prendras,
   Ni retiendras à ton escient.
8. Faux témoignage ne diras,
   Ni mentiras aucunement.
9. L'œuvre de chair ne désireras,
   Qu'en mariage seulement.
10. Biens d'autrui ne convoiteras,
    Pour les avoir injustement.

COMMANDEMENTS DE L'ÉGLISE.

1. Les Fêtes tu sanctifieras,
   Qui te sont de commandement.
2. Les dimanches la messe ouïras,
   Et les fêtes pareillement.
3. Tous tes péchés confesseras,
   A tout le moins une fois l'an.
4. Ton Créateur tu recevras,
   Au moins à Pâques humblement.
5. Quatre-temps, Vigiles jeûneras,
   Et le Carême entièrement.
6. Vendredi chair ne mangeras,
   Ni le Samedi mêmement.

En vente

A LA SOCIÉTÉ DE S.-NICOLAS, RUE DE SÈVRES, 39.

—

LES PETITES PRIÈRES *des enfants de Dieu,* avec encadrement bleu et vignettes, comme le *petit Alphabet.* La demi-douzaine 1 fr. 20 c.

LE PETIT RÈGLEMENT DE VIE *des enfants de Dieu,* avec les mêmes ornements. La demi-douzaine 1 fr. 20 c.

LES PETITES HISTOIRES *des enfants de Dieu,* avec les mêmes ornements. La demi-douzaine 1 fr. 20 c.

La composition typographique a été faite par les enfants pauvres et orphelins de l'établissement de *Saint-Nicolas,* et le tirage par les presses de H. Vrayet de Surcy et Cie, rue de Sèvres, 37.

www.ingramcontent.com/pod-product-compliance
Lightning Source LLC
Chambersburg PA
CBHW061806040426

42447CB00011B/2508